Pour la bibliothèque royale

HOMMAGE

A LA MÉMOIRE

DE M. ANDRY,

MÉDECIN.

Ln 27/392

HOMMAGE

A LA MEMOIRE

DE M. ANDRY,

MÉDECIN.

QUELQUES
RENSEIGNEMENS BIOGRAPHIQUES

SUR

M. ANDRY (Charles-Louis-François),

Né à Paris le 6 juillet 1741, décédé à près de 88 ans, à Paris, le mercredi 8 avril 1829, Chevalier de l'Ordre royal de Saint-Michel, Docteur-Régent de l'ancienne Faculté royale de Médecine, Membre titulaire et Correspondant de plusieurs Sociétés savantes.

> Dans l'art qui lui donna le bonheur d'être utile,
> Poussant jusqu'à l'excès la générosité,
> Il fut simple de mœurs, homme rare, homme habile,
> Et l'honneur de l'humanité.

PARIS,
IMPRIMERIE DE DEMONVILLE,
RUE CHRISTINE, N° 2.

1830.

QUELQUES
RENSEIGNEMENS BIOGRAPHIQUES

SUR

M. ANDRY (Charles-Louis-François).

On n'est point un homme excellent, on n'est point le meilleur des hommes sans le don précieux de la sensibilité; M. Andry le possédait au plus haut degré. Cette sensibilité est source de piété et de sentimens affectueux, et personne plus que lui ne fut animé de l'amour de Dieu et du prochain, qui fut la pratique constante et le charme de sa vie, si abondamment remplie de bonnes œuvres. Doué d'une intelligence peu commune, orné du plus vaste savoir, il fut modeste autant qu'habile dans le bel art qu'il exerça avec tant de distinction, et qu'il aimait de plus en plus en raison des services qu'il le mettait à même de rendre, occasions toujours saisies par lui avec empressement. La piété de M. Andry était toute de cœur et de raison, elle n'eut donc rien d'austère, et n'altéra en rien l'agrément de son esprit, toujours brillant d'une piquante originalité et de toute la vivacité d'une joyeuse humeur; mais par l'affaiblissement inévitable de l'âge, l'homme de bien dans toute l'expression du mot ne fût pas, chose bien triste à penser et impossible à expliquer, à l'abri de craintes sur son avenir; la conscience la plus pure éprouva des terreurs qu'elle n'eut jamais dû connaître; et la touchante piété devint une excessive dévotion, l'heureuse modestie, une humilité chrétienne poussée à un point d'exagération tel qu'elle dicta un testament se terminant par ces mots : *je ne veux que des prières;* et qui semble n'avoir été écrit que pour recommander en termes formels l'oubli de tout ce que l'illustre défunt laissait de précieux à la reconnaissance, à la mémoire des hommes.

Il demande très-expressément qu'aucune pompe ne soit admise à son enterrement, qu'aucun discours ne soit prononcé sur sa tombe, qu'aucun monument ne lui soit élevé; il ne permet pas même à une simple pierre de dire que, noble, généreux et désintéressé jusqu'à l'excès, il fut médecin comme on doit l'être, tout-à-fait l'homme de l'humanité. Le promeneur solitaire qui vient consulter les morts, car l'indifférence et la curiosité ne visitent pas seules leur sombre demeure, passera sans s'arrêter à côté de celui auprès duquel il eût éprouvé tant de charme, tant d'avantage, tant de bien à méditer long-temps!..... O volontés sûrement bien respectables, mais trop rigoureusement exécutées et dont un sentiment religieux trop exalté peut être, peut seul expliquer le ponctuel accomplissement! à peine quelques années encore seront-elles écoulées qu'il faudra renoncer à la douceur d'offrir quelques fleurs, hommage d'un tendre et pieux souvenir, à des restes si précieux ; nous les chercherons vainement!..... n'était-ce donc pas assez d'avoir à pleurer un être si regrettable, et devions-nous avoir encore à éprouver dans un douloureux étonnement le chagrin de voir son dernier repos troublé! mais l'homme de bien n'est que provisoirement en possession de sa demeure dernière, et quelque jour il sera banni de ce dernier petit coin de terre qu'il occupe (1)...... que cette pensée est pénible et triste! assurément il nous l'eût épargnée si ses dernières souffrances, si l'exaltation religieuse de ses derniers momens n'eussent point fermé son oreille à cette voix de toute sa vie, toujours retentissante au fond de son cœur, et toujours si bien écoutée : *il te reste du bien à faire; les hommes ont encore besoin de toi.* Publions donc le peu que nous savons de cette belle vie, si pleine de beaux exemples et d'utile instruction, car l'imiter, c'est travailler à se rendre heureux.

Ombre à jamais chérie et vénérée! nous sentons tout ce que nous devons de respect à tes dernières volontés, mais nous avons connu ton cœur, et nous savons toute la chaleureuse activité qu'y nourrissait l'amour

---

(1) M. Andry est inhumé au cimetière du Père Lachaise, dans la pièce de terre *dite Tripier*, côté du monument d'Héloïse et Abeylard, à droite en entrant, premier carré et près du mur, troisième ligne, n° 4, des Fosses temporaires, dont les Règlemens ne donnent que cinq ans de possession.

du bien; ô toi qui fus toujours si loin de tout reproche, tu nous pardonneras d'avoir voulu t'épargner des regrets!

M. Andry, outre ses nombreuses charités particulières en nature et en argent, donnait chaque année aux pauvres le dixième de son revenu, lequel dixième s'éleva bien pendant de longues années à un millier d'écus; outre les consultations gratuites qu'il donnait comme tous ses confrères, il ne voulut jamais prendre aucun honoraire aux artistes, aux ecclésiastiques ni aux jeunes gens isolés de leurs familles et faisant à Paris le complément de leur éducation, quelque fortune qu'il se trouvât chez les personnes qu'il avait soignées, appartenant à ces trois classes. C'est ainsi qu'il remit à une ancienne Religieuse, par lui échappée à une longue maladie, sa modeste offrande, en lui disant : *vous oubliez, ma sœur, que vous avez fait vœu de pauvreté.*

Les pauvres Religieuses, bannies de leurs couvens, dépouillées de tous leurs biens et si abimées dans nos temps d'orages, excitaient particulièrement l'intérêt de M. Andry; et c'est ce qui lui faisait, chaque renouvellement d'année, acheter pour cinq à six cents francs de bonbons à trois Religieuses, dernier débris de l'ancien couvent des Dames de la Croix, dont la plus jeune avait soixante-quinze ans; de ces bonbons il ne mangeait pas un, il les distribuait à pleines poches aux enfans et aux petits chiens qu'il rencontrait dans les maisons qu'il fréquentait.

Martin le célèbre chanteur, après avoir sans succès suivi les ordonnances de plusieurs des plus illustres médecins de la capitale pour une affection grave du genou le menaçant d'une infirmité qui l'eût infailliblement forcé de quitter le théâtre, a le bonheur de rencontrer M. Andry, qui le guérit complètement, et se regarde opiniâtrément comme bien payé par toute la satisfaction qu'il éprouve d'avoir été assez heureux pour rendre au public un homme de talent qui lui est aussi cher; ce sont ses propres paroles.

« Vous ne me refuserez pas au moins le
» plaisir de vous offrir ma loge à mon
» théâtre, » lui réplique Martin; c'est la seule chose que le célèbre artiste puisse faire accepter à son cher docteur, que cela

fit aller pour la troisième et dernière fois de sa vie au spectacle, non pas qu'il fût insensible à ce genre de plaisir, mais il regardait comme mal employé tout le temps qu'il n'eût point consacré à l'exercice de sa profession.

M. Andry appelé en consultation, quelque riche que fût le malade chez lequel il se trouvait, rendait dix francs sur vingt qui lui étaient offerts, se regardant ainsi comme suffisamment payé.

Corvisart, premier médecin de Napoléon, fit nommer M. Andry, son ami, sans qu'il s'en doutât, l'un des quatre médecins consultans de S. M. I., titre auquel étaient attachés douze cents francs d'appointemens par an; M. Andry dépensa cette somme pour l'établissement du costume exigé; depuis, il remit ses appointemens au maire de son arrondissement, pour être distribués aux pauvres de son quartier, pensant qu'il ne devait pas employer à son profit ces émolumens de son titre, puisqu'il n'en faisait jamais les fonctions. A la restauration, il renonça à toucher ce qui se trouvait lui être dû de ces mêmes appointemens. « Le roi

» n'est pas riche, se disait-il, il a beaucoup
» de personnes à indemniser, à récompen-
» ser, et il ne serait pas bien à moi, qui peux
» m'en passer, de demander ce paiement. »

Un haut fonctionnaire public dit un jour à notre cher docteur, son ami. — « Mais,
» Andry, tu as été pendant vingt ans mé-
» decin en chef d'hospices à Paris, celui de
» la Maternité, et celui des Enfans-Trouvés;
» tu as de plus été chargé de différentes
» missions par le gouvernement, outre la
» publication de plusieurs bons écrits (1),

---

(1) *Ouvrages dont M. Andry est auteur* :

1° Lorsqu'une partie est attaquée de la gangrène, faut-il couper dans la partie morte ? — Paris, 1764, in-8°.

2° Manuel du Jardinier, traduit de l'italien de Mandirolo, par (le pseudonyme) Randy. — Paris, Saugrin le jeune, 1765, in-8°.

3° Matière médicale; extrait des meilleurs auteurs, et des leçons de M. Ferrein. — Paris, Debure, 1770, 3 vol. in-12.

4° Combien la Chirurgie doit aux travaux des Médecins. — Discours prononcé aux Écoles de Médecine

» notamment un ouvrage sur la rage ; tu as
» rendu beaucoup de services publics, per-
» sonne n'a plus que toi de droit à une
» pension ; fais-moi donc une simple de-

---

pour l'ouverture solennelle des Ecoles de Chirurgie.
— Paris, 1773, in-12.

5° Recherches sur la rage; nouvelle édition. Paris, Didot jeune, 1781, in-8°. La première édition est de 1779.

6° Observations et Recherches sur l'usage de l'aimant en Médecine. — Paris, 1783, in-8° (avec M. Touret).

7° Eloge du docteur Ant.-Nunès Ribeiro Sanchez, premier médecin d'Anne Ivan, régente de Russie (imprimé en tête du catalogue de la Bibliothèque de ce dernier). — Paris, 1783, in-8°.

8° Recherches sur la mélancolie. — Paris, 1786, in 4°.

9° Mémoire sur la mélancolie. (Imprimé dans le tome 5e de la Société Royale de Médecine.)

M. Andry fut aussi l'éditeur des Observations sur les Maladies vénériennes, du docteur Sanchez.

Il est encore auteur des quatre Thèses suivantes :

La première : *An à motu et mole humanorum secretiones diversæ ?* — Conclusion affirmative.

» mande, et cela ne souffrira pas la plus pe-
» tite difficulté. » — « Je le veux bien, mais
» avec quoi me la paieras-tu cette pension »?
— « Sur la caisse des hôpitaux. » — « Est ce
» que je veux de l'argent des pauvres ! tu
» peux bien la garder, ta pension, je n'en
» veux pas. » Le brusque et colérique empor-
tement de cette réplique fit bien voir à notre
fonctionnaire qu'il ne connaissait pas à fond
son homme, et qu'il s'adressait fort mal.

M. Andry était loin d'être le médecin du
cercle, et la brusquerie qui lui était natu-
relle ne se montrait jamais plus vive que
dans le mécontentement qu'il éprouvait à
être appelé pour des cas qui n'en valaient
pas la peine. Dans ces occasions, que de
personnes à nerfs délicats, que de petites
dames, que d'enfans gâtés, ont eu à se

La seconde : *An parisinis præsertim interdum rus-
ticus?* — Conclusion affirmative.

La troisième : *An cancer ulceratus cinetam eludat?*
— Conclusion affirmative.

Et la quatrième : *An parte mortua sectis post syde-
rationem?* — Conclusion affirmative.

plaindre de lui! « Pourquoi m'avez-vous
» donc appelé? disait-il avec humeur, vous
» n'avez pas besoin de moi; je ne guéris
» pas les vapeurs, je n'ai pas de temps à
» perdre, moi. » Et en effet, il ne trouvait
jamais celui de faire les trente à quarante
visites dont chaque matin sa liste se compo-
sait; en douze heures, vingt à vingt-deux
malades est le plus qu'il parvenait à voir :
les privilégiés étaient ceux chez lesquels il
estimait que sa présence était le plus nécessaire; les moins fortunés, les pauvres sur-
tout avaient toujours sa préférence.

M. Andry disait quelquefois avec une cer-
taine complaisance et une naïveté d'amour-
propre qui lui allaient si bien! *je puis dire
que J'AI GENTILHOMMISÉ la médecine.*
Mot charmant! il est de conscience tout-à-
fait.

Beaucoup d'honneur et beaucoup d'argent vont rarement ensemble, et un sem-
blable système fut loin de conduire
M. Andry à la fortune, malgré la nombreuse
clientelle à laquelle il a consacré plus de
soixante ans de sa noble existence; aussi,
quoique pendant plus de cinquante ans,

malgré son rare désintéressement, sa pratique lui ait fourni un revenu annuel d'une trentaine de mille francs, ne laisse-t-il tout juste que les six mille francs de rentes dont la mort de son père, ancien épicier droguiste à Paris, à l'enseigne de la *tête noire*, l'avait mis depuis long-temps en possession. Ses économies ont été par lui employées à former un beau mobilier qui témoigne de son goût éclairé pour les arts et les sciences. Riche de beaucoup de choses rares et curieuses, telles que tableaux, médailles, et une bibliothèque considérable contenant plusieurs manuscrits, entre autres trois gros volumes in-folio remplis d'observations les plus précieuses, par le docteur Sanchez, portugais, qui avait été long-temps premier médecin de l'impératrice de Russie, homme du premier mérite, auquel on doit les premières expériences du mercure appliqué en lavage aux maladies vénériennes, et qui était venu finir ses jours à Paris, où il n'exerçait plus son art que par bienfaisance. C'est à cette école que M. Andry fit ses premières armes, et une des belles acquisitions de sa jeunesse fut l'estime et l'affection particulières du docteur Sanchez, qui lui en laissa le témoignage en l'instituant légataire de son précieux manuscrit. M. Andry publia en tête du catalogue de la bibliothèque du docteur Sanchez, un éloge de son maître, hommage de sa reconnaissance et de ses regrets. Cette reconnaissance ne s'est jamais affaiblie dans l'âme de M. Andry, car il ne prononçait jamais le nom du docteur Sanchez qu'avec respect, enthousiasme et attendrissement; son manuscrit était dans ses dernières années, constamment ouvert sous ses yeux, il le lisait sans cesse et y puisait avec plaisir tous les motifs de sa juste admiration pour l'auteur. L'idée de la perte de ce manuscrit le tourmentait beaucoup, et pour conserver à l'art un travail aussi précieux, il en a fait, par une suscription de sa main sur le premier volume, le legs à M. de la Montagne, médecin, son ancien élève.

Chez un médecin très-âgé, on craint avec raison le défaut de mémoire qui a de si graves conséquences, et, malgré toute l'estime dont il jouissait, M. Andry perdit de sa nombreuse clientelle, au point de n'avoir plus le moyen de conserver la voiture dont il se servait depuis cinquante ans. Cette voiture était un mauvais fiacre sans numéro, qu'il payait plus cher que ne lui aurait coûté un bon remise; mais son cocher quoiqu'ivrogne, et lui occasionant assez souvent des désagrémens, était un brave homme, il avait de la famille, c'étaient d'honnêtes gens; M. Andry sentait qu'il leur était bien utile, il leur resta donc attaché. On s'étonne qu'une pension, dont le trésor public n'eût pas été long-temps chargé, ne soit pas venue trouver un homme aussi généralement connu, aussi recommandable que M. Andry, pour lui sauver le regret de renoncer à sa voiture, qui lui était plus nécessaire que jamais, et dont il avait une si longue habitude. En cette circonstance, les dispensateurs de ces sortes de faveurs eurent à perdre quelque chose dans l'estime des hommes; mais M. Andry trouva le moyen d'y gagner encore beaucoup, car on ne *** le voir sans attendrissement, tout courbé qu'il était sous le poids des ans, faire péniblement à pied, appuyé sur le bras de son domestique, encore dans son quartier qu'il n'a jamais quitté, toutes les visites que ses forces lui permettaient.

Ce zèle pour sa profession ne s'éteignit jamais en lui, mais la nature finit par lui refuser les moyens de l'exercer au dehors. Les trois dernières années de sa vie, retenu dans son intérieur, il s'y consacrait à des consultations gratuites, employant les loisirs qu'elles lui laissaient, outre la lecture du manuscrit du docteur Sanchez, à la mise en ordre et liaison de matériaux par lui amassés pour composer un ouvrage dont le but était de dire tout ce qui doit former le médecin, tout ce qu'il doit savoir, tout ce qu'il doit être, enfin tout ce qui doit le conduire à ce beau résultat. Le temps a manqué à M. Andry pour achever ce travail qui peut se ressentir de la vieillesse de l'auteur; mais à coup sûr il doit contenir d'excellentes choses dans sa partie morale comme dans la partie qui traite spécialement de l'art, car M. Andry a encore eu cela de remarquable, que tout doyen des médecins qu'il fût, il n'eut aucune de ces vieilles idées, aucun de ces préjugés que son âge eût rendus si excusables; il suivit les grands progrès de la science, même il y contribua:

et toujours chaud partisan de tout ce qui pouvait être utile, il fut un des grands propagateurs de la vaccine; aussi a-t-il conservé jusqu'à la fin la haute estime de ses confrères, qui respectaient en lui le savant à l'égal de l'homme de bien.

La prompte irritabilité, la brusquerie de M. Andry, à quatre-vingt-quatre ans, s'étaient changées en une extrême douceur, mais l'amour du bien dont il fut toujours si pénétré rendit à sa belle âme, dans une circonstance, toute l'énergie que peut donner une noble indignation, et il eut, malgré ses quatre-vingt-quatre ans, une belle et bonne colère fort à propos : le hasard avait mis dans sa voiture un jeune médecin rencontré à une consultation qui, privé de son cabriolet, son cheval étant obligé de se reposer, demande lestement à se placer dans la voiture de M. Andry, pour descendre dans le quartier où il avait affaire; quand on est bon, l'on est accueillant, et M. Andry, de fort bonne grâce, fait route avec le jeune médecin; naturellement la conversation s'engage : — « Il faut absolument que j'aie un second » cheval, car je ne puis y suffire. » — « Vous » êtes bien jeune pourtant ! votre clientelle

» est donc bien nombreuse ? » — « Mais non,
» pas extrêmement. » — « Combien faites-
» vous donc dans votre pratique ? » — « Mais
» une trentaine de mille francs. » — « Ah !
» c'est étonnant !.... depuis soixante ans
» que j'exerce la médecine, je n'ai jamais
» fait plus, et je suis bien loin de faire
» cela maintenant ; ma pratique ne s'élève
» plus guère qu'à une vingtaine de mille
» francs, et cependant je ne peux jamais
» faire toutes les visites que j'ai sur ma
» liste ; ce que vous me dites n'est pas pos-
» sible ; comment faites-vous donc ! » — « Oh
» d'abord j'ai mon système, je ne fais pas
» de visite à moins de cent sols. » — « Vous
» êtes un polisson, un drôle ; mais vous
» n'êtes pas médecin, Monsieur, vous ne
» savez donc pas ce que c'est qu'un médecin,
» c'est l'homme de l'humanité, il se doit à
» tout le monde, et particulièrement à ceux
» qui n'ont pas le moyen de le payer. »
Voilà l'homme. Le jeune médecin fut assez
déconcerté ; les cheveux blancs lui en impo-
sèrent, il ne répliqua rien ; il pensa que le
vieillard radotait, et il trouva suffisamment
de quoi se remettre de cette mésaventure

en pensant que quelques-uns de ses confrères auraient pu recevoir la même leçon.

Au retour du Roi, enthousiasme et politique mirent en mouvement une grande distribution de faveurs, il pleuvait des cordons; on s'étonna avec raison que M. Andry ne fût pas jugé digne d'un ruban; ceci n'est pas exact et sent la mauvaise humeur; mais il y a pire, on ne pensa pas à lui. Une carrière si longue et si honorablement remplie, un désintéressement si rare et si constant le recommandaient suffisamment aux bontés du Prince. Plaignons les Rois bien plutôt que de les blâmer! c'est justice; placés haut comme ils le sont, il leur faudrait des yeux d'oiseau pour distinguer tout ce qu'il leur importe de connaître, et la nature les leur a refusés.

D'honorables personnages, des dames de distinction habitant le même quartier que M. Andry, blessés de l'oubli qu'on avait fait de lui, prirent fait et cause en sa faveur, s'agitèrent, se mirent en campagne, et, après bien des pas, des démarches, des écritures, des sollicitations, obtinrent enfin plus tard pour leur protégé qui n'y pensait pas, le cordon de Saint-Michel. La promotion dont fit alors partie M. Andry, par l'organe de son chancelier, est admise à Saint-Cloud à faire ses remercîmens à sa Majesté : une simple note communiquée à Charles X, et ce Roi d'accueil si gracieux va dire : « M. Andry ! j'ai bien du plaisir à vous voir, » car il y a long-temps que je vous connais » par votre belle réputation ; j'espère que » vous en jouirez encore long-temps. » Et l'homme de bien, digne d'une telle apostrophe, bien fait pour l'aprécier, tout ému, tout attendri des paroles royales, emportera dans la tombe une grande satisfaction de plus. Hélas ! souvent les choses sont plus belles à voir comme elles devraient être, que comme elles sont ! et le fait exact nous montre, d'une part, M. Andry humblement derrière au troisième rang, ne pouvant pas même apercevoir la figure du Roi qu'il désire tant de voir ; tous ces gens qui le masquent sont, à ce qu'il pense, beaucoup plus considérables et beaucoup plus recommandables que lui, et il est si modeste qu'il a dû leur céder le pas. D'autre part, on aperçoit près de sa Majesté son premier médecin, ami, ancien camarade, et contemporain de M. Andry, qu'il ne devait pas oublier ainsi dans la foule, mais qu'il aurait dû présenter particulièrement à sa Majesté, à-propos que la gracieuse bonté du Roi eût sûrement accueilli, le pardonnant volontiers à son premier médecin, en supposant qu'il fît à l'étiquette infraction.

On ne saurait trop le répéter, les Rois sont souvent plus à plaindre qu'à blâmer. Les hommes, de la nature de celui qui est aujourd'hui l'objet de nos regrets, se trouvent rarement sur leur chemin; plus heureux ! nous qui l'avons rencontré, qui l'avons connu cet homme de bien, noble et éternel orgueil d'une honorable famille, et bien plus heureux encore si nous savons profiter de tout le bien qu'il peut toujours nous faire, puisqu'il nous a laissé le modèle et l'exemple de toutes les vertus !

J. LARDIN.

Paris, juin 1829.

www.ingramcontent.com/pod-product-compliance
Lightning Source LLC
Chambersburg PA
CBHW060635050426
42451CB00012B/2607